ガメラもまってる月曜日の朝

福岡女学院大学

伊藤文一　守山惠子　入江誠剛　編著

櫂歌書房《とうかしょぼう》

はじめに

月曜日は黄金に輝く一日です

「あるコーヒーショップが売っているものは、コーヒーではなく、職場でも家庭でもない第三の場所だ。」これはスティーブ・ジョブズの言葉です。彼は、また、「アップルが売っているものも、コンピュータではなく、『人間の可能性を開放するツール』なのだ」と言っています。これは、ある意味、いつもその本質を見抜かなければいけないということではないでしょうか。その意味するところを考えることで、見方も変わってくるということなのではないでしょうか。

では、月曜日という日について考えてみましょう。月曜日があるから土曜日があり、日曜日があります。月曜日があるから、楽しい週末も待っています。考えてもみてください。健康で月曜日が迎えられることはとても幸せなことではないでしょうか。学校があり、友達がいて、先生がいる学校があるからこそ、そこに集うことができるのです。

学校は、知、徳、体の「生きる力」を身に付けるところです。「知は力なり」という言葉があります。知力は全てを切り拓いていきます。知識に体験を加えることで知恵に変わります。知恵は人の役に立ち、世のため人の為になったときに初めて意味をなします。

数年前に訪問したある中学校の学校教育目標が、「月曜日に行きたくなる学校」でした。この言葉が全てを物語っているように思います。親（保護者）としては、月曜日に我が子が喜んで学校に行く姿をみると、とても幸せな気持になります。「行きたくなる学校」「帰りたくなる家」そして、地域の人たちが「拠《よ》ってみたくなる学校」が基本だと考えています。

この本に関わり、出版にご尽力いただきました多くの皆様、本当にありがとうございました。心より感謝申し上げます。

はじめに

平成26年　11月7日
初冬の福岡女学院大学研究室にて

編　者

目次

はじめに　1
1．ガメラもまってる月曜日の朝　5
子どもたちの声　46
2．月曜日に行きたくなる学校　47
「ユニバーサルスクール」を目指して
3．やる気スイッチオン　77
4．子どもも先生も家庭も、楽しく!!　97

1

ガメラもまってる月曜日の朝

心のよりどころをもとう

私にとって、心のよりどころは、亀です。それは、ガメラです。

ガメラは、私の家で、飼っている亀の名前です。

出かけるときには、じっとこっちを向いて見ています。

帰ってきたときにもやっぱり、こっちを見ます。
私は、ガメラの頭を撫《な》でて、家に上がります。
とっても心が和《なご》むひとときです。

野《の》の草花《くさばな》の心に学ぶ

道端《みちばた》に咲いている草花の気持ちがわかりますか？

踏《ふ》まれても、雨に降られても、寒い日も頑張って咲いています。

守ってくれるものは何もありません。

雪が降っても雨風が吹いてもじっと耐えています。

チドメグサ

家の石がきのところ
にいっぱいある.

不平不満を言わず、ただ、じっと嵐が去るのを待っています。
私はこの野の草花から学ぶことがたくさんあるような気がします。

今日も生きていることに感謝です

今日も、こうして生命《いのち》が与えられたことは幸せなことです。
そのことに感謝しているでしょうか。

私の知っている人は、朝起きると、頭のてっぺんから足の先までその一つ一つに感謝するそうです。

心を見つめる時間を大切にしている人がいます。

一日の内、少しの時間でも自分と対話する時間をもつことが人を成長させます。

自分の中の自分と話をして、よりよい人生を歩んでいきたいものです。

いつまでも勉強する心を大切に

ロケット博士の糸川英夫さんが人生で大切なものを３つ上げておられました。

一つ目は、学習です。

自ら学ぶ心です。

本を読む人は好奇心が旺盛でいつまでも若く元気であると聞きました。

いつまでも勉強する心を育てたいものです。

二つ目は、根性です。

やはり弱い心と戦わないといけません。

根性で突破できることもたくさんあるはずです。

三つ目は、出会いです。

この出会いを大切にするために、日ごろから他の人から会いたいと思われるような自分を創っていることが大事です。

そのために多くの人から学ぶことを心掛けたいものです。

考え方を変えると、人生が変わる

コップに水が半分入っています。

「もう半分しかない」と思うか、
「まだ、半分もある」と思うか。

考えようで、全く違ったものになります。

何を考えるかではなく、
どう考えるかが大切ではないでしょうか。

アコヤガイの心を知っていますか

真珠《しんじゅ》をつくるアコヤガイという貝がいます。

アコヤガイが、中に入った砂やガラス片などを粘液《ねんえき》で包み込み、真珠を作り上げていきます。

そのときに、アコヤガイはとてもとても苦しむのだそうです。

しかし、苦しみながら作り上げたその真珠は見事な美しさを見せます。

「一日一生」の心で生きる

朝、「今日一日で、たとえ、死んでも悔いはない。」という生き方があります。

人間には、いくつかの驕《おごり》りがあります。
その一つが生命《いのち》の驕《おごり》りです。
この生命がいつまでもある、続くと思っています。
しかし、そうではありません。
すべてが諸行無常《しょぎょうむじょう》なのです。

一時もとどまることなく、時間は過ぎていきます。

時間は生命《いのち》です。生命《いのち》は時間です。

一日中、音楽が流れている学校

数年前に訪れたH県のK中学校は、
一日中、柔らかな音楽が流れていました。

音楽と言うのは、心を和ませるものです。

音楽を聴くことによって心のコントロールができれば、
それは、大きな宝物になるはずです。

今日も朝から楽しいな

一年中、花が咲いている学校

ある幼稚園は、一年中、花が咲いています。
子どもたちは、水をやって育てています。

春は、チューリップ
夏は、ひまわり

秋はコスモス
冬は水仙、椿
環境は人を創り、人は環境を創ります。
心を豊かにしてくれます。

心の教室

各学校に「心の教室」があります。
この部屋に入ると、何故《なぜ》か心が和むのです。
木があり、花が生《い》けてあります。

なぜか「こころ」がゆっくりできます。

とっても楽しいところです。

トイレが美しい学校

もっと使いやすくて、
きれいなトイレにしましょう。
私の知人は、いつもトイレに花を飾《かざ》っていました。
それも野の花です。

これで、ずいぶん心が安らぎました。

一杯のコーヒーから

心を和ませることは大事なことです。

心を許せる人と話をして、
くつろぐことも大切です。

何を言っても聞いてくれる友達の存在はやっぱり大きいのです。

コーヒーを一杯飲む間にも、
人生が変わることがあります。

人の心は鏡なり

人間は、親切な人に会うと親切になり、
棘《とげ》がある人と会うと棘《とげ》が出てくるのです。

これは一つの法則です。

自分が周りの人に優《やさ》しくしてもらう方法は、
自分自身が優しくなることです。

これが、一番の近道なのです。

この人

この人は、けっこう嫌われていると思うことがある。
嫌われて当然だと思うことがある。

しかし、この人にも、親がいて、子どももいるかもしれない。
この人を愛している人もいるのだ。

つながり

長所とつきあえば悪人はいない

それぞれの人の持っている、
良いところを学ぼうという心で接していると、
いつのまにか、見えない財産が増えています。

つながり

知は力なり（なぜ、勉強するのか）

知識は人間を自由にします。知っていることは、大きな力です。

正確な知識があると、人を救うこともできます。

知っていること、学校で学ぶこと、学んだことを活用できる力は、この世の中をよくするためのものです。

「世のため、人のため」という言葉があります。

学校で学んで、自分が賢くなって、仕事ができるようになることは、
自分のためだけではなく、
世のため、人のために、とっても大切なことです。

自己鍛錬

まず、読むことです。

心に響く言葉や文章は、声を出して読んでみましょう。

次に、書くことです。

書くことは考えることです。

文字にすることで新たな発見があります。

さらに、よく聞くことです。

耳は二つ、口は一つ、二倍聞いてみましょう。

そして、自分で考えることです。

ものごとを深く考える習慣を身に付けることです。

日曜日の午後の過ごし方

私が市役所に勤めていた頃の話です。

日曜日の午後は必ず、仕事場にいる先輩がいました。
仕事はきっちり二時間して、帰ります。

この二時間がその一週間をスムーズに流すと言っていました。

仕事の段取りをしておくことが、月曜日に余裕を持てることにつながるのだと言っていました。

ちょっとした時間を有効に使うことで、その効果はとても大きな効果を生むのではないかと思ったことでした。

感謝しよう

与えられていることに心から感謝することです。

健康、生命、住居、衣類、食事、家族、数えてみるとたくさんあります。

「ない、ない」「ほしい、ほしい」と思わないことです。

自分のことを先に考えないことです。

他人のことを考える余裕をもてたらいいですね。
伸びる人はここが違う気がします。

心の中で、自分のよいところをみつけてみよう

自分を愛すること、
自分をほめること、

とても大事なことです。

自分のことをよく知っているのは、やはり自分です。

子どもたちの声（5年生72人に聞きました！）

早く学校へ行きたいのは、
好きな（得意な、楽しい）教科や行事がある時（36人）
遠足や社会科見学の時（27人）
友だちと話したいとき（11人）
給食で好きなメニューが出る日（6人）

その他に
金曜日
席替えの日
始業式の朝
苦手な教科がない日
新しい友だちができたときプールの時
楽しい授業があるとき
何か持っていって自慢するとき
だれかの誕生日
一年生の時は、毎日思っていた

そして、
子どもたちの声から聞こえてくるのは？

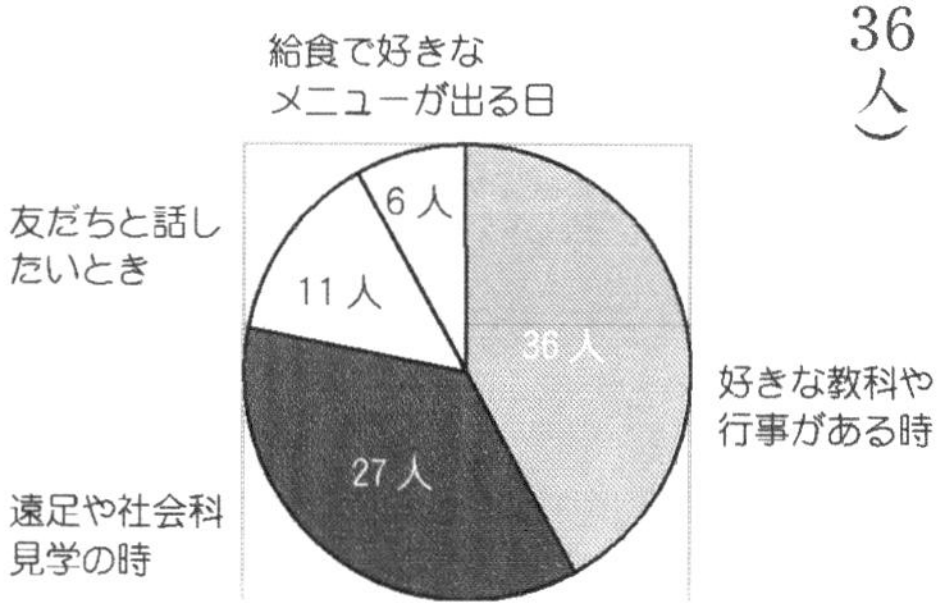

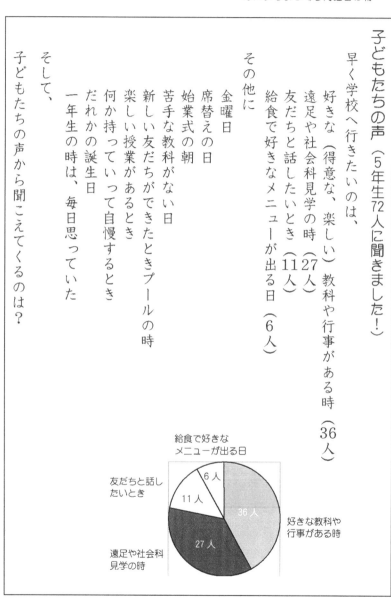

2

月曜日に行きたくなる学校

「ユニバーサルスクール」を目指して

◇遅刻ゼロ

「先日初めて遅刻がゼロになりました。」

ある学校の教頭先生が嬉しそうに話しかけてきました。この教頭先生の学校では、毎日10人以上の子どもたちが遅刻する状況が続いており、いろいろと手だてをとりながらもなかなか改善できなかったところに、ある日突然ゼロになったものですからきっと嬉しかったのでしょう。同じような課題を抱えている私にもその気持ちがよく分かりました。ところが、教頭先生の話には続きがありました。

「実はその日は遠足だったのです。」

◇朝の校門で

毎朝校門に立って子どもたちに声をかけていると、日によって反応や顔の表情に違いがあることに気付きます。いつも明るく元気に挨拶をしてくれる子が、うつむき加減に前を通り過ぎたり、いつもより遅く登校してきたりする姿を見ると大変気にかかるものです。

一方、いつもはこちらから挨拶しても曖昧《あいまい》な反応しか返してこない子が、満面の笑顔で挨拶をしてくることがあります。そのようなときはすかさず、「何だか今日は楽しそうだね」と声をかけます。すると、「2時間目に学校農園でお芋掘りをするんだよ。」、「今日は、地域の人と一緒に味噌造りをします。」、「給食でとんかつが出るのでたのしみだなあ。」など、実にほほえましい返事が返って来てこちらまで嬉しくなります。中には、自分の方から、

「新しい靴を買ってもらったよ。」と言いながらぴかぴかの靴を見せにきたり、前が見えなくなるくらいに大きな段ボールの箱をかかえた子が、「工作の時間に使うんです。」とわざわざ言いに来たりすると、「この子はたぶん昨日の夜から早く朝が来ないかな。早く学校に行きたいな」と思っていたのではないかと想像してしまいます。

なお、冒頭で紹介した教頭先生の話もこうした子どもの心理が反映されているのではないかと思います。確かに本校でもいつもより早い時刻に集合しなければならない社会科見学や修学旅行の際に遅れる子は皆無で、むしろいつも遅刻気味の子が他の子よりも早く登校するといったことさえあります。

しかし、毎日遠足や修学旅行というわけにはいきません。また、楽しい行事や好きな給食メニューばかりではありません。

◇「子どもが行きたくなる学校」とは

「子どもたちは、どんなときに学校に行きたくなるのか。また、どんなときに学校に行きたくなくなるのか。」子どもが学校に行くのは当たり前なのだからそんなことを考える必要は無いと言ってしまえばそれまでなのですが、不登校やその傾向がある子どもたちの存在を考えると「子どもが行きたくなる学校とは？」と考えないわけにはいきません。

子どもが行きたくなる学校「ユニバーサルスクール東月隈」

東月隈《ひがしつきぐま》小学校就任2年目である平成24年度初めに、「みんながやさしいみんなにやさしいユニバーサルスクール東月隈」という目指す学校像を教職員をはじめ、子どもや保護者、地域住民など、学校関係者に示しました。この場合のユニバーサルとは、「障がいの有無などに関係なく誰もが自分の持てる力を発揮できる」という考えを意味しています。

つまり「ユニバーサルスクール」とは、全ての子どもたちにとって「分かる授業が行われ、居場所があり、安心して学べる学校」（子どもが行きたくなる学校）ということです。

また、保護者の側から見た場合は「子どもの成長が実感できる学校」（保護者が我が子を行かせたくなる学校）であり、地域の方から見れば「自分たちの力や特技が生かせる学校」（地域の方が行ってみたくなる学校）ということになります。

こうしたイメージや実際の姿についての理解を促進するために、学校便りやホームページなど、様々な方法で情報を発信しました。具体的に例を挙げると、いじめ・不登校対策、特別支援教育・人権教育、授業改善・学力向上、学校行事の成果と課題、家庭・地域と連携した教育等です。

このように、学校のビジョンや具体的な方策に関する情報を発信することで、それらが共有・支持されるものと考えます。

◇「分かる授業」を目指して

〜授業改善に取り組む教師たち〜

東月隈小学校では、子どもたちに「分かる授業」を保障するために算数科を中心に授業改善に取り組んできました。平成25年度からは、授業のユニバーサルデザイン化を目指し、教材提示の視覚化や子どもたち同士の「学び合い」を取り入れた授業の在り方を研究しています。

山田先生は、教職2年目の若手男性教師です。3年生を担任している本年度、校内授業研究会の授業者を自ら進んで引き受けました。単元名は、「小数」です。

「今皆さんが言ったことを絵で見せますね。」、「今言った言葉からどんな式になりますか。」、「今までした計算とどこが違いますか。」山田先生の発問が続きます。

カラーの挿絵やメモリの付いた「ます図」など、視覚的な手だてを講じながら授業は進みます。

「なぜ5＋3になるのか3人組で話し合ってください。」3人組による交流活動を指示すると子どもたちは、机を寄せ合い考えを出し合います。

「5＋3の5は、0.1が5個分で・・・。」、「3は0.1が3個分という意味だと思います。」交流を通してそれまで分からなかった謙作（仮名）君は、解決のヒントを得ることができ、得意げに考えを述べていた薫さんも自分の考えをより確かなものとします。

授業の終末段階に授業の評価とも言える「振り返り問題」に取り組みました。結果は、謙作君も含めほとんどの子どもたちが正解でした。

「小数のたし算は、0.1の何個分か考えると計算できることが分かりました。1リットルます図を使うと、そのことを確かめることができました。」授業の最後に謙作君が書いた「今日の学習で」です。

◇全ての子どもたちに「分かった！」を
～全教師で取り組む「集中入り込み」～

東月隈小学校では、４学年以上の各教室に校長・教頭をはじめ4～6名の教師が入って算数科の指導を行う「集中入り込み」という取組があります。これは、主に復習や習熟を目的として行われているのですが、学習に遅れのある子どもたちにとっては、分からないことを個別指導してもらえる貴重な機会です。

丸付け用の赤ペンを持って教室内を巡回していると、真由美さんが手を挙げています。近付いてみると小数の割り算（筆算）が途中で止まっています。よく見ると何回も書き直した跡が見受けられます。

「この数を下ろしたらどうかな」とアドバイスをするとしばらくして、「ああ、そうか！」という声と同時に鉛筆が動き出します。

「正解!」と言って、素早く赤ペンで丸を付けると、真由美さんは満足そうな笑顔をこちらに向けてくれました。

学校生活の半分以上が授業時間です。この授業時間に「できた!」あるいは、「分かった!」と実感できることこそ子どもにとって「居場所がある」と言えるのだと思います。

子どもたちの規範意識の育成やいじめへの対応、人間関係作りなどの取組も「分かる授業」が基盤になるものと考えています。

◇「ユニバーサル」を合い言葉に
～子どもたちの取組～

東月隈小学校では、「ユニバーサル」というキーワードが子どもたちにも浸透しています。全校朝会や終業式など、全校児童が集まる場で繰り返し「みんながやさしい　みんなにやさしい　ユニバーサルスクール東月隈」と言い続けているせいかもしれません。

また、子どもたちが、自分から進んでゴミを拾ったり花に水をやったりしている姿を見て「おっ、ユニバーサルだね。」と声を掛けたりしていることもあるのかもしれません。

とにかく、子どもたちは「ユニバーサル」とは「優しい心をもつこと」、「人に親切にすること」、「人のために何かがんばること」と自分たちなりに理解して自分にできることをやっています。その一つが、朝のあいさつ運動です。朝のあいさつ運動は、総合的な学習の時間に「ユニバーサルなまち実現プロジェクト」に取り組んでいる4年生を中心に毎朝校門で行われています。児童会の子どもたちと一緒に元気な声で登校する子

どもたちに声を掛けています。

以前は登校した後は、ドッジボールをするために運動場に一直線だった信敏（仮名）君も今はあいさつ運動の方が楽しいのでしょう。すっかりあいさつ運動の常連になってしまいました。最近では、低学年の子どもたちも運動の輪に加わるなど、毎朝校門付近は子どもたちの声で大いに賑わっています。

他にも、1年生も参加している「おそうじボランティア」、歩道に落ちているゴミを拾いながら登校する「ゴミゼロ運動」（環境・美化委員会主催）、福岡市のいじめゼロサミットを受けて児童会が取り組んでいる「いじめゼロの取組」、休み時間に危険な遊びや歩行をしている子どもに注意を呼びかける「みんなの安全見守り隊」(保健・安全委員会の活動)など、誰でも参加できるボランティアから、委員会活動の一環として取り組んでいるものまで様々です。こうした取組により、学校全体に「ユニバーサル」の輪が広がり、徐々にではありますが、学校全体の雰囲気が心地よいものになってきたように思います。

◇保護者・地域の皆さんと共に創る「ユニバーサルスクール東月隈」

「本を通して子どもたちの心を豊かにしたい。」これは、保護者による図書館ボランティア「らぶっく」の皆さんの願いです。毎月第１・３水曜日の昼休みに図書館や和室で行われている読み聞かせでは、子どもたちが本の世界に目を輝かせています。

また、11月の全校朝会では、手作りの拡大絵本を使って全校児童５００名を対象に読み聞かせをしてくださいました。

なお、読み聞かせの他にも図書館の環境整備や図書の整理、栞作りなど、東月隈小学校の図書館教育を支援していただいています。

「オー」福岡市早良市民センターのホールに感嘆の声が響き渡りました。ここは、「平成25年度ユニバーサルなまち実現プロジェクト実践発表会」の会場。２年連続市長賞受賞の瞬間でした。声を発したのは、応援に駆けつけてくださっていた地域の皆さん。

東月隈小学校では、4年生が前年度の取組を引き継いで、「ユニバーサルなまち実現プロジェクト」(総合的な学習の時間)に取り組みました。
このプロジェクトは、東月隈校区にある「ユニバーサルな施設や人」を探して、その働きや思いを調べることで、自分たちの住むまちの在り方を考え、広く発信していこうというものです。フィールドワークの際には、地域の方に安全面での見守りも兼ねて一緒に歩いていただきました。
また、福祉施設や事業所の方は、訪問を快く受けてくださるとともに、事業内容や利用者への配慮などについて詳しくお話していただきました。こうした地域の皆様の御支援のもと、子どもたちは「ユニバーサルって何だろう。」という課題意識をもって学習に取り組み、「ユニバーサルとは人の心だ。」ということに気が付きました。そして、体育館での4年生全員による中間発表会を経て、代表6名が福岡市の発表会に参加したのです。

なお、子どもたちの活動はすでに紹介しましたように、発表会終了後も朝のあいさつボランティアというかたちで続いており、児童会の6年生、昨年取り組んだ5年生、そして3年生以下も巻き込んで朝の恒例行事として定着しつつあります。

◇ＪＯＹ倶楽部とのコラボレーション

東月隈校区には、障害福祉サービス事業所ＪＯＹ倶楽部があります。ＪＯＹ倶楽部は、音楽活動をする「ミュージックアンサンブル」とアート制作をする「アトリエブラヴォ」の2つのグループで活動している団体です。

東月隈小学校では、平成24年度以降、「ユニバーサルなまち実現プロジェクト」に取り組むにあたり、ＪＯＹ倶楽部の皆さんに御協力をいただいています。

24年度のミュージックアンサンブル学校公演で

は、４年生がマラカス（ペットボトル製）担当として演奏の一部に参加しました。

また、25年度は、校区の看板（10年以上前に交通安全などをテーマに子どもたちが制作したもの）を更新するために、アトリエブラヴォの皆さんに構図や彩色の指導をしていただきました。

こうして完成した看板は、アトリエブラヴォや地域の皆さんが見守る中で、交差点の目立つところに取り付けられ、毎日多くの方々にメッセージを送っています。

◇これからも続く「ユニバーサルスクール東月隈」実現への道

子どもを対象にしたアンケートでよく見かけるのが、「学校は楽しいですか。」という設問です。しかし、毎日学校生活を送る中で、子どもたちにとって重要なのは、「学級は楽しいか。」ということです。

そこで、東月隈小学校では、昨年度（1月実施）に続き、「ユニバーサルクラスアンケート」を実施して「クラスのユニバーサル度」を調べました。

なお、設問及び回答の選択肢は次のとおりです。

めざせ！「みんながやさしいみんなにやさしい」ユニバーサルクラス！

①あなたのクラスには、いじめやぼうりょくをする人がいますか。

・たくさんいます・すこしいます・いません

②あなたのクラスには、やさしい人やしんせつな人がいますか。
・たくさんいます・すこしいます・いません
③あなたのクラスは、たのしいクラスですか。
・とてもたのしい・すこしたのしい・たのしくない

この3つの設問で、クラスの傾向が、概ね把握できます。

また、全校集計することで、全校的な傾向、つまり「ユニバーサルスクール」の実現状況も確かめることができます。

平成25年12月に実施したアンケートにおける設問③の全校集計は、「とてもたのしい」(63%)、「すこしたのしい」(31%)、「たのしくない」(6%)という結果でした。

まだまだ自信をもってユニバーサルスクールとは言えないようです。

なお、4つ目の設問で「あなたは、ユニバーサルクラスにするためにどんなことをがんばりましたか。」とたずねてみました。記述欄には次のようなことが書かれていました。

あいさつ運動に参加した（多数）、係活動をしてクラスの人を楽しませた、友達が大変そうだったから手伝ってあげた、けんかになりそうになったときやめるように声を掛けた、悪口を言っている人に注意した、友達を大切にした、悲しい人に「大じょうぶ?」と言ってはげました、相手がきずつかないように言葉遣いに注意した、「いっしょにあそぼ」と言った、友達と力を合わせた、そうじをがんばった（多数）

※文中の名前は全て仮名です。

東月隈小学校の挑戦はこれからも続きます。

東月隈小学校では四月一日に
学校教育目標「豊かな社会力を身に付けた子どもの育成」を
実現する学校像として

「ユニバーサルスクール東月隈」

☆子どもが行きたくなる学校

☆保護者が我が子を行かせたくなる学校

☆地域の方が行ってみたくなる学校

☆教職員が充実感をもって安心して働ける学校

を全教職員で確認し

それぞれについて皆でイメージを出し合いました。

付けた子どもの育成
スクール東月隈〜

保護者が我が子を行かせたくなる学校

先生が子どものよいところをよく見てくれる　子どもも先生も雰囲気が明るい　友達づくりがしっかりできていて楽しい笑顔が見られる　失敗を恐れずにいろいろなことにチャレンジしている　話しやすい先生がいる
子どもが楽しいと言う　子どもの様子が伝わってくる
子どもの力を付けてくれる　行事で魅せてくれる
先生のことを信頼できる

教職員が充実感をもって安心して働ける学校

心配や悩みを職員室ではき出せる　お互いよいところをほめ合い教え合ったりできる　自ら進んで皆のために積極的に動く　子どもの成長を実感できる
職員皆で子どもを育てる　挨拶やありがとうの言葉を忘れない　喫茶コーナーの充実　管理職に何でも相談できる

平成26年4月1日　職員会にて

豊かな社会力を身に
～ユニバーサル

子どもが行きたくなる学校

友達がいる　楽しい　自分の得意なことができる
勉強が分かる　家でできないことができる　先生が
好き　行事がたくさんある　ほめてもらえる
授業が楽しい　新しいことに挑戦できる　居場所が
ある　役に立っているという存在意義を感じる
わくわくすることがある　気持ちを分かってもらえる
給食がおいしい

地域の方が行ってみたくなる学校

教職員や子どもとのつながりが実感できる
自分を必要とされていることが実感できる
感謝されていることが伝わる　子どもが積極的にあ
いさつしたり関わってくれたりしてくれる　GT:ゲスト
ティーチャーなどで行ったときに喜んでもらえる
活躍する場がある　行事に特色がある　昔からの行
事がある　環境がきれい（掲示物, 花）　教職員が親
身になって話を聞いてくれる（苦情も）

月曜日に行きたくなる学校　私の試み　1

月曜日に行きたくなるためには、金曜日の終礼の時間が大切だと考えています。

たとえ、金曜日の授業が面白くなかったとしても、テストの成績が悪かったとしても、友達とちょっと喧嘩をしてしまったとしても、先生に叱られたとしても、金曜日の終礼の楽しさの方が大きければ、「いやだなあ」という気持ちを相対的に小さくし、その楽しさを持ち帰ってもらいたいと思っています。

毎日の終礼も楽しい方がいいのですが、金曜日はことさら、そのことを意識しています。注意しなければならないことや、厳しいことを言わなければならない時には、給食の前の時間を利用し、終礼の時間には触れません。触れたくても我慢しています。今日も一日楽しかった、今週一週間も楽しかったと思えれば、「終わりよければすべてよし」です。その気持ちが持続されれば、月曜日も学校へ行きたいと思ってもらえるだろうと思っています。

そううまくいくことばかりではありませんが、私自身が、まず、金曜日の最後には、どんなことがあっても笑顔で楽しさを体中で表現できるように心がけています。今年は、毎週、子どもたちに、小さな手品を見せています。簡単な手品は、子どもたちにも教えています。週末の家庭での時間も楽しくなればと思っています。今のところ、自己満足かもしれませんが、好評です。

月曜日に行きたくなる学校　私の試み　2

月曜日の朝の時間を、子どもたちが楽しみにする時間にしようと思い、今年度は、「ショーアンドテル」を試みています。以前行ったアメリカやオランダの小学校で、子どもたちが嬉々として「ショーアンドテル」をしていたのを思い出します。子どもたちは、それをすることを通して、聞き手に自分の思いを、きちんと整理して伝えることを学んでいたわけですが、「勉強をしている」というよりも、「楽しく友達に話をし、楽しく友達の話を聞く」という雰囲気が印象に残っています。低学年の子どもたちは、低学年なりの、高学年になってくると、話のまとめ方にも進歩がみられ、話し手は、達成感も感じていることが分かりました。

私のクラスの子どもたちは4年生です。突然「ショーアンドテル」と言われても、戸惑うと思い、最初の1ヶ月、4回の月曜日の朝、私が、「小学校4年生の○○さん」になって、話をしました。４回目に、「次は誰かが話をしてくれる？」と尋ねると、たくさんの手が上がりました。子どもたちは、話したいことをたくさん持っています。どんな順番で話をしようか、どんなふうに話を聞こうかということも話し合って、子どもたちが決めました。今では、私の出番はありません。

　これまでで一番印象に残っているのは、普段はなかなか手を上げることがない、おとなしい男の子が、一所懸命準備をしてきたことが分かる、聞き手にしっかり伝わる話をしたことです。それ以来、学級でも一目置かれる存在になって、本人も自信を深めたようにみえます。

　月曜日の朝を、一番心待ちにしているのは、私かもしれませんが、子どもたちも同じ気持ちだろうと思います。

3

やる気スイッチオン

は子どものために

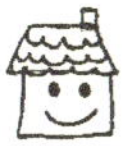はおうちの人のために

は先生のために

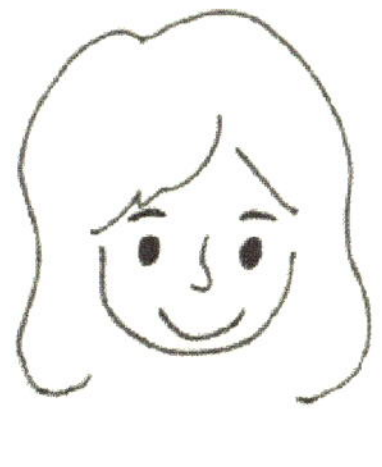

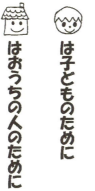

1. 忘れ物はない？

金曜日に、しなければならないことを忘れないこと！　月曜日の朝にあわてません。

金曜日に帰宅した時に、給食のエプロンや体操服などは、本人が必ず洗濯機に入れるように促します。本人が一言、親に「お願い」と口頭で、あるいはメモで伝えることを習慣にします。

宿題も金曜日に済ませるよう、低学年であれば親が手助けをします。金曜日の夜に、宿題が終わっているかどうかを親子の確認事項として、もし、ゲームやテレビを見たかったら、先に一緒に宿題をしようと親が促します。

金曜日の夜のうちに、月曜日の準備ができていたら、心の余裕につながります。土曜日には、１教科でも予習をしておきましょう。前の週と次の週がつながります。

日曜日の夜、もう一度、月曜日に持って行くものがそろっているか見てみよう。忘れそうなものは、玄関のところに置いておいたらどうかな？

2. 楽しいことは何？

クラスのチームワークがいいのは、それだけで楽しい。そんな雰囲気を作るのは、先生の笑顔、みんなの笑顔。

楽しいことを待つよりも、楽しいことを探すよりも、楽しいことを作ってみましょう。

休み時間、何して遊ぼう。一人で本を読むのも楽しいけれど、今日は友達と外で遊ぶ？それとも飼育《しいく》小屋に行ってみる？

月曜日の給食は、人気のメニュー。これを食べそこなったら、次に食べられるのはいつでしょう。逃《のが》す手はありません。

一週間の始まりの月曜日は、笑顔で「行ってらっしゃい」とおくりだしたいですね。

いつもは、送らないけれど、月曜日の朝は、ちょっと家の外まで送ってみる。元気がなかったら、手をつないで。いやがられても、そんなやり取りが楽しみ。

誰にも言わない秘密も楽しい。月曜日の朝は、通学路の途中の犬に「おやよう」って言うのは、誰も知らない。そんなことも楽しみ。

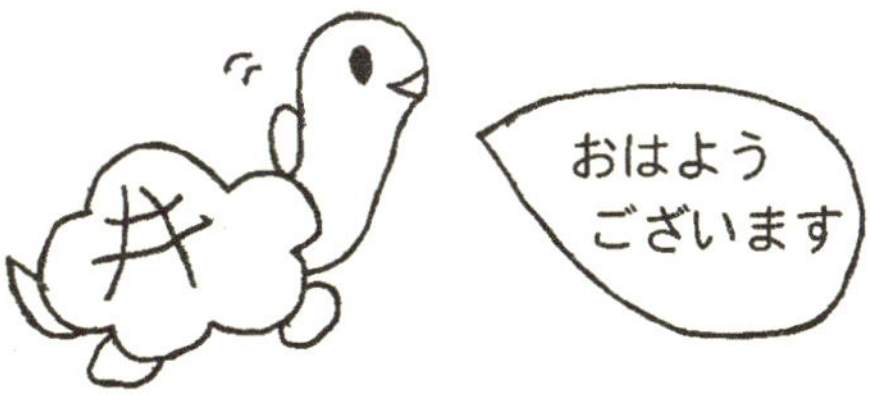

3. いやなことは何？

いやだの気持ちは、簡単には消えない。いやだの気持ちがでてこない時に、「楽しいこと」を忘れないように書いておこう。

勉強がちっともわからないし、テストもできないし、何で学校に行かなければならないのかな。パパもそうだったって、おばあちゃんが言ってた。大人になるために、学校へ行かなくちゃならないんだって。しかたないか。

友だちと喧嘩しても、金曜日までに仲直り。

人間関係のトラブルは、できるだけ早く、週をまたがずに解決しておきたいですね。

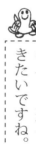

月曜日は荷物が多くていやなんだ。だから忘れ物もしちゃう。月曜日の荷物、持ちやすくならないかな。

荷物をどう持ったらいいか、ちょっと知恵を授けましょう。

月曜日の朝からテストって最悪。週末に勉強したかどうか確かめるっていうけど、一緒に復習してからじゃだめかな。

月曜日の朝一がいいかどうか、子どもたちの様子と相談です。

4. 話をきいてくれるのは誰?

最近、怒りっぽくなったり、具合が悪そうだったりしたら、ストレスがたまっているのかもしれません。SOSのサインかもしれません。怠けていると突き放さずに、子どもとゆっくり話し合ってみましょう。

さびしい時、誰に話をしてみたい?自分が元気な時に、話を聞いてくれそうな友達を見つけて!

友だちがさびしそうだったら、あなたから声をかけてみたら?

校長先生も話を聞いてくれそうです。忙しそうだけれど、「話をしたい」って伝えてみてください。他の先生に言えないことも、校長先生にだったら言えるかも。

学校で楽しかったことを、おうちの人にも教えてあげましょう。

お父さん、お母さんは、しっかり聞いて学校の様子を知っておくと、月曜日の声かけに使えます。

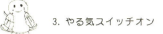

5. 待っていてくれるのは誰？

毎朝、相談室で子どもたちの登校を待っている先生、子どもたちが来ても来なくても、月曜日の朝、先生が必ず待っている姿に励まされるのは、子どもたちだけではなさそうです。

月曜日の朝、一番に教室に入ったら、友達を迎える係りになってみたらどうでしょう。ドアのところで、「おはよう」と声をかける係り。ずっとするのは大変だったら、途中で、誰かと交代します。五人に挨拶したら、「交代」はどうですか。

月曜日の朝、家を出るときに、「行ってまいります」と言えましたか。おうちの人がだれもいなくても、おうちに挨拶して、でかけましょう。大きな声が出たら、大成功です。

「行ってらっしゃい。気をつけてね。」

おうちに帰っても誰もむかえてくれない。さびしいですね。それでも、「ただいま」を忘れずに、大きな声で言います。おうちにいるときに「ただいま」が聞こえたら、大きな声で「お帰りなさい。」返ってきた人も、待っていた人も、どちらも嬉しくなります。

6．私は何の係り？　今週はお当番じゃなかったかしら？

係りや当番として、土曜日や日曜日に、何かを準備したり、作成したりして学校に持って行ってみましょう。

みんなで、クラスの仕事を考えてみよう。私はどれをしようかな。

子どもたちで役割を考えた活動を工夫して、お仕着せから脱却を目指します。

週末に家でしたお手伝い、地域でした活動を月曜日にクラスで発表します。「こんなことができたよ」「すごいね」「私がしたことと同じ」「また一緒に参加しようね」友達のお手伝いの話を聞いて、「今度は私も家でしたい」と思ったら、週末も、月曜日の発表も楽しみ。

月曜日に持って行く給食当番の白衣をおうちの人と一緒にアイロンがけ。いつからひとりでできるかな。

きゅうしょく とうばん
たくさんたべて、げんきいっぱい

7. 勉強はどう？

土曜日には、1教科でも予習をしておきましょう。自信ができて、月曜日の授業が楽しみになります。

グループでの学習は、生徒同士のつながりの場になります。月曜日の授業がグループ学習だったら楽しみです。

みんなの前での発表はちょっと緊張するけれど、グループのみんなに聞いてもらうのは嬉しい気持ち。みんなが、きちんと聞いて質問もしてくれる。答えられなくても、みんながフォローしてくれる。

いつもの授業とは違って、校外に出かけるというのは、楽しみ。でも、それの準備をするのだって、校外に出かけたことを振り返って話すのだって、同じくらい楽しみ。

得意な科目、好きな科目はなんでしょう。月曜日にそれがあれば、張り切れる。

8．誰かがほめてくれた？

先生に褒《ほ》められるのは嬉しい。先生がありがとうと言ってくれるのも嬉しい。

友だちやクラスの人たちに褒められたらもっと嬉しい。

「すごいね」と友達に言ったら、とてもうれしそうだった。褒められるのも嬉しいけれど、褒めてよろこんでもらえたら、もっと嬉しいとわかった。

がんばっているところは、
だれかがみてくれてるよ

月曜日の朝、友達に喜んでもらったことを思い出すと元気が出る。

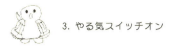

宿題は、自分のためと言われても、やる気にならない。でも、先生が「宿題してきた人」「がんばったね」ってほめてくれたら、する！

9. 感動した？

合唱コンクール、ここまでくるにはいろいろあったからこそ、歌っている自分にとても感動しました。
達成感をすごく感じた。
賞はとれなかったけど、ぜんぜん悔しくありません。
歌っていて泣きそうになった。

自分たちのチーム力で、周囲を感動させられたことは、自分自身の達成感、仲間の力や存在感、自尊感情などにつながります。大人が感動したことを子どもたちにつたえましょう。

かんどう

合唱コンクールは感動体験を共有できる学校行事の一つ。練習開始当初は、実行委員やパートリーダーとみんなの気持ちがなかなか一つにならない。いらいらしたり、悲しくなったり、ふてくされたり、けれどもそんなことを乗り越えて、ステージに立って歌うとき、一人一人が主役になることができます。周りの力によって、一人1人の歌が引き出されたとき、会場を揺さぶる感動を生みます。

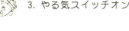

10. 睡眠は十分?

日曜日は少し早く寝ましょう。せめて7時間は睡眠時間をとるといいと思います。寝不足だと、月曜日の朝、眠いのも手伝って、「学校に行きたくないなあ」と思うようになってはいけません。

しっかり寝て、自分で起きた朝は、それだけで気分がいいと思います。

睡眠は、健康を保つための基本です。布団に入る時間を決めて、いつもそれを目指しましょう。

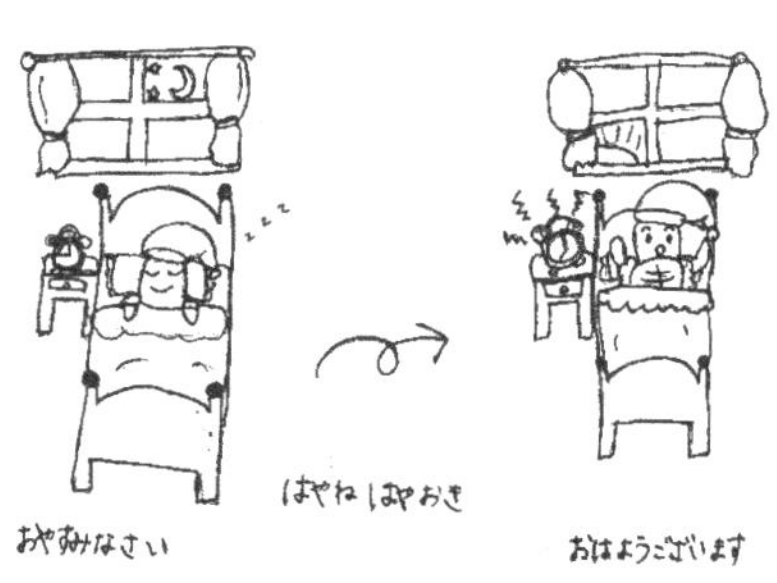
おやすみなさい
はやね はやおき
おはようございます

月曜日の朝は、いつもより十五分早く起きてみませんか。十分でもいいと思います。余裕が生まれます。

4

子どもも先生も家庭も、楽しく!!

こんな子どもがいます

花を育てることが好きな子どもがいます
飼育小屋が好きな子どもがいます
亀のえさをやりに行く子どもがいます
図書館で、本を読むのが好きな子どもがいます
日曜日にも学校に植物に水をやりに行く子どもがい
部活動が楽しくてたまらない子どもがいます
友達と話をするのが好きな子どもがいます
職員室が好きな子どもがいます
将棋が好きな子どもがいます
ダンスが好きな子どもがいます

ともだちの世話をすることが好きな子どもがいます
月曜日には、学校にお花を持ってくる子どもがいます
家よりも学校が楽しい子どもがいます

わたしは（　　　　　　　）な子どもです

わたしは（　　　　　　　）な子どもでした

子どもたちへ

・友だちにちゃんとあいさつができますか。
・仲間に入れない友だちに声をかけることができますか。
・友だちの困っているというサインや嫌だというサインに気づいていますか。
・クラスの仲間の一人一人のよいところを知っていますか。
・友だちに「すごいね」「やったね」と伝えていますか。
・「ありがとう」を伝えていますか。
・誘われたときに断ることができますか。
・断られたときに、嫌な気持ちにならずに受け入れることができますか。
・自分が間違っていた時、素直に認めてあやまることができますか。
・自分のよいところを知っていますか。

・自分のよいところや得意なことを他の人に伝えることができますか。
・きちんとわけを言うことができますか。
・きちんとわけをたずねることができますか。
・友だちを許すことができますか。

こんな先生がいます

ユニークな教材・教具を開発している先生
笑顔の研究をしている先生
いつも新しい話題がある先生
子どもの良さを見つけることができる先生
交換日記にたくさん返事を書いてくれる先生
同僚の先生をほめる先生
身なりがきちんとしている先生
月曜日の朝、ちゃんと食事をして学校に行く先生
自分をほめることができる先生

私は（　　　　　　　　　　　　　　　　　　）先生です。

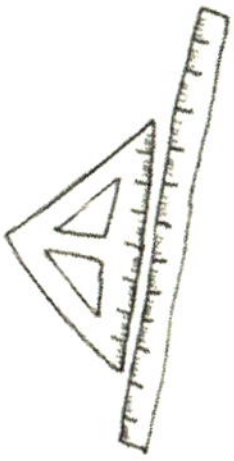

先生へ。

・子どもたちを平等に扱っていますか。
・子ども一人一人を理解しようとしていますか。
・子どものサインを見逃していませんか。
・子どもからの相談をその日のうちに聞いていますか。
・きちんと叱っていますか。きちんとほめていますか。
・子どもの好奇心を揺さぶっていますか。
・子どもたちの人間関係の変化に気づいていますか。
・子どもに対しても、「ありがとう」を伝えていますか。
・先生同士がお互いに認め合い、学びあっていますか。
・先生同士が問題を指摘しあい、受け入れあっていますか。

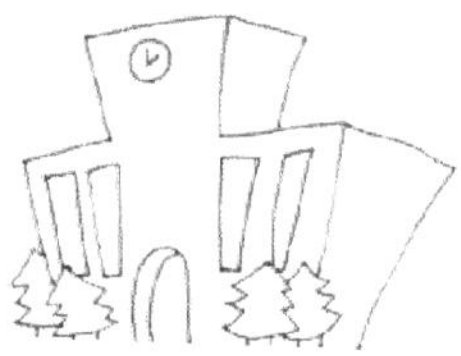

・先生同士が問題を共有し、助け合っていますか。
・心に余裕を持っていますか。
・リラックスする方法を知っていますか。
・心を開いて話ができる仲間がいますか。
・子どもたちと過ごす日々は楽しいですか。
・「うれしい」ことを、他の人に伝えていますか。
・役割を果たしていますか。

こんな家庭が…

「おはよう」「おやすみ」「いってきます」、あいさつのある家庭

「ありがとう」、感謝のある家庭

「なかなかいいね」、褒《ほ》める、認めることを忘れない家庭

「どうしたの」、気づかいのある家庭

「それから？」「それで？」、会話のある家庭

「いただきます」、楽しい食卓を囲む家庭

「私も手伝う」、役割のある家庭

「よかった」「よかったね」、喜びを共有する家庭

「なにになりたい？」「どうしたい？」、夢を語りあう家庭

家庭は、絶対肯定の場であってほしい。
親の絶対愛、
絶対受容が子どもを守り、育てます。

おうちの方へ

・家庭でもあいさつをしていますか。
・家族間でも、感謝をつたえていますか。
・ほめるにも、叱るにも、客観的な視点を忘れていませんか。
・子どもの変化に気づいていますか。子どもの話を聞いていますか。
・忙しくても、心を落ちつける方法を知っていますか。
・悩みを聞いてくれる人がいますか。
・自分のよいところ、家族、家庭のよいところを知っていますか。
・感動を共有していますか。

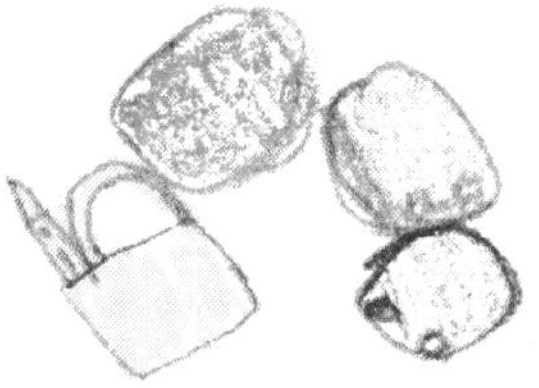

私のおうちはこんな（　　　　　）家庭です。

あとがき

『えがおの種まき』風の巻、虹の巻の二冊の本を上梓してから二年が経ちました。再び「えがお」の種を届けたいという思いから、本書をまとめました。今回も、『えがおの種まき』同様、多くの方の協力をいただきました。お一人お一人のお名前は記していませんが、教師として、保護者として、学生として、児童生徒としてのそれぞれの立場から、「月曜日の朝に学校に行きたくなる」ための実践やアイデアを寄せていただきました。それぞれの方が書いてくださったり、語ってくださったりした文言をあまり変えずに収録しようとしたため、統一感に欠ける部分があるかもしれません。しかし、お読みくださる方に、それぞれの立場の方々の生の声も届けばと思っております。

優しい暖かな表紙とたくさんのガメラの絵を描いてくださったのは平山里彩さんです。本書の中のあちこちで、ガメラが待っていてくれたり、声をかけてくれたり、話を聞いてくれたり。どうぞガメラとの出会いもお楽しみください。

この本を手に取ってくださった皆さん、お読みくださったご感想をお寄せください。お待ちしています。

最後に、協力くださった方々に心からお礼を申し上げます。経験やアイデアを提供してくださった方々だけではなく、制作途中の原稿を読んでご意見をくださり、励ましてくださったみなさま、ありがとうございました。また、福岡市ＰＴＡ協議会会長、日高政治様には、本書の推薦をいただきました。深く感謝いたします。最後になりますが、本書は福岡女学院大学から助成をうけたことを感謝をもって記します。

二〇一四年 十一月

編著者一同

編著者

伊藤 文一
守山 恵子
入江誠剛

協力者

上野　史郎　　（元公立中学校教諭）
武田　祐子　　（現公立小学校校長）
中川　英貴　　（現公立中学校校長）
黒木るみ子　　（中村学園大学教育学部　助手）
三谷久美子　　（春日市教育委員会）

表紙・本文カット　平山　里彩

福岡女学院大学伊藤研究室・教職支援センター
〒811-1313　福岡市南区曰佐３丁目 42-1
ＴＥＬ（092）575-2971

ガメラもまってる月曜日の朝

発行日　2015年 1月 15日　初版 第1刷

編著者

伊藤 文一・守山 惠子・入江誠剛

発行者

東　保司

発 行 所

福岡女学院大学

櫂歌書房《とうかしょぼう》

〒811-1365　福岡市南区皿山4丁目14- 2

TEL 092-511-8111　FAX 092-511-6641

E-mail:e@touka.com　http://www.touka.com

発売所　　株式会社　星雲社

〒112-0012　東京都文京区大塚3-21-10